Amedeo Modigliani

Les Rencontres qui ont Façonné son Art

Charlotte Jane Fontaine

Table des matières :

Introduction

Amedeo Modigliani, artiste italien du début du XXe siècle, reste l'une des figures les plus emblématiques de l'art moderne. Sa signature distinctive, caractérisée par des portraits allongés et des nus sensuels, incarne à la fois l'élégance et la rébellion de son époque. Lorsque nous contemplons une œuvre de Modigliani, nous sommes témoins de l'âme de l'artiste lui-même, de ses amours passionnées, de ses amitiés artistiques et de ses rencontres qui ont façonné son parcours artistique exceptionnel.

Ce livre, "Amedeo Modigliani : Les Rencontres qui ont Façonné son Art," vous invite à plonger dans l'univers fascinant d'Amedeo Modigliani à travers le prisme des personnes qui ont croisé sa route tout au long de sa vie. Que vous soyez un amateur d'art qui a eu la chance de visiter une exposition dédiée à cet artiste ou que vous découvriez Modigliani pour la première fois, ces pages vous dévoileront les rencontres qui ont influencé son art, sa vision du monde, et son héritage.

Nous commencerons par explorer les rencontres de jeunesse de Modigliani dans les villes italiennes de Livourne, Florence et Venise, où il a acquis les premières influences qui ont marqué son développement artistique. Puis, nous nous transporterons à Montmartre, le quartier bohème de

Paris, où Modigliani a trouvé sa place au cœur de la vie artistique de l'époque. Les rencontres avec des artistes tels que Picasso, Brancusi, et Utrillo ont joué un rôle déterminant dans sa carrière.

Nous plongerons également dans les relations amoureuses tumultueuses de Modigliani, en mettant en lumière l'influence de ses muses et de son amour passionné pour Jeanne Hébuterne. Les marchands d'art et les collectionneurs tels que Paul Guillaume et Léopold Zborowski ont également joué un rôle crucial dans la reconnaissance de l'artiste et la diffusion de son œuvre.

Au fil des chapitres, nous explorerons l'impact de l'art tribal sur les sculptures uniques de Modigliani et les rencontres de la fin de sa vie qui ont marqué son héritage artistique. À travers ces récits de rencontres, vous découvrirez l'homme derrière les œuvres, le contexte de son époque, et l'influence durable de ses amis et de ses contemporains sur la compréhension de son art.

Bienvenue dans le monde vibrant et passionné d'Amedeo Modigliani, où chaque rencontre a laissé une empreinte indélébile sur son art et son âme. Préparez-vous à un voyage captivant à travers les pages de ce livre, à la découverte de l'artiste et de l'homme derrière les chefs-d'œuvre qui continuent d'inspirer et d'émouvoir le monde de l'art moderne.

Chapitre 1 : La Vie de Modigliani

Chapitre 1 : La Vie de Modigliani

Introduction

Au tournant du XXe siècle, l'Europe bouillonnait de créativité artistique, et c'est dans ce bouillonnement que naquit et grandit Amedeo Modigliani, l'un des artistes les plus énigmatiques et influents de son époque. Sa vie tumultueuse et son art audacieux ont laissé une empreinte indélébile sur le monde de l'art moderne. Dans ce premier chapitre, nous allons plonger dans la vie fascinante d'Amedeo Modigliani, tout en situant son parcours artistique dans le contexte tumultueux de la fin du XIXe et du début du XXe siècle.

Modigliani : Une Vie en Quête d'Identité

Né le 12 juillet 1884 à Livourne, en Italie, Amedeo Modigliani a grandi dans une famille juive sépharade. Dès son plus jeune âge, il a montré un intérêt précoce pour l'art, dessinant sans relâche et absorbant les influences de la Renaissance italienne qui l'entouraient. Sa passion pour l'art s'est rapidement transformée en une vocation irrépressible.

Cependant, Modigliani était un esprit rebelle, et sa décision de poursuivre une carrière artistique n'a pas été bien accueillie par sa famille. Il a dû quitter Livourne pour Florence, puis Venise, où il a commencé à affiner son style distinctif, marqué par des lignes élégantes et des formes allongées.

Contexte Historique et Artistique

La fin du XIXe siècle et le début du XXe siècle étaient des périodes d'effervescence créative en Europe, marquées par des mouvements artistiques révolutionnaires tels que le symbolisme, l'art nouveau, le fauvisme et le cubisme. Ces courants ont remis en question les conventions artistiques établies, favorisant l'expression individuelle et la recherche de nouvelles formes d'expression.

Modigliani a émergé dans ce contexte artistique foisonnant, apportant une vision unique à l'intersection de ces mouvements tout en restant fidèle à son propre langage artistique. Ses portraits élégants, caractérisés par des visages allongés et des yeux en amande, sont devenus emblématiques de sa signature artistique.

La Vie Bohème de Montmartre

Vers 1906, Modigliani s'installe à Paris, la Mecque de l'art moderne. Montmartre, en particulier, était le quartier bohème où artistes, écrivains, et intellectuels se rassemblaient. Modigliani a rapidement trouvé sa place parmi eux, fréquentant des lieux emblématiques tels que le Bateau-Lavoir et le Café de la Rotonde. Il était le portrait même de l'artiste romantique, vivant dans la misère mais dévoré par une soif insatiable de création.

Conclusion

La vie d'Amedeo Modigliani était une épopée tumultueuse d'aspirations artistiques, de rencontres marquantes et d'explorations artistiques audacieuses. Dans ce contexte de bouillonnement artistique et d'effervescence créative, Modigliani a trouvé sa voix artistique singulière, une voix qui résonne encore aujourd'hui dans l'univers de l'art moderne. Ce chapitre introductif nous a plongés dans son monde et son époque, nous préparant à explorer plus en profondeur les rencontres qui ont façonné son art tout au long de sa vie.

Chapitre 2 : Les Rencontres de Jeunesse

Introduction

Dans la luminosité méditerranéenne de l'Italie du XIXe siècle, un jeune Amedeo Modigliani découvrait le monde de l'art et de la créativité qui allait forger son destin artistique. Ce deuxième chapitre nous emmène dans les rues ensoleillées de Livourne, les galeries de Florence et les canaux romantiques de Venise, où Modigliani a fait ses premières rencontres artistiques et a jeté les bases de son parcours artistique exceptionnel.

Modigliani à Livourne : Les Premières Esquisses de l'Art

Né dans la ville portuaire de Livourne en 1884, Modigliani a grandi dans un environnement où l'art et la culture se mêlaient harmonieusement. Son père, un homme d'affaires, avait une passion pour la poésie et la littérature. C'est dans ce cadre que Modigliani a fait ses premiers pas dans le monde de l'art. Il était attiré par les esquisses de bateaux, les marines et les portraits réalisés par les artistes locaux.

À Livourne, il a fait la connaissance de Guglielmo Micheli, un artiste qui l'a encouragé à développer ses talents précoces. Modigliani a également été influencé par les sculptures et les reliefs antiques qui parsemaient la ville, insufflant à son travail une fascination précoce pour les formes allongées et stylisées qui deviendraient plus tard sa marque de fabrique.

Florence : Le Berceau de la Renaissance

Modigliani a quitté Livourne pour Florence, un véritable joyau artistique. Là-bas, il a fréquenté l'Académie des Beaux-Arts, où il a été exposé aux chefs-d'œuvre de la Renaissance italienne. L'influence de maîtres tels que Botticelli, Léonard de Vinci et Michel-Ange a profondément marqué son style artistique naissant.

À Florence, il a également noué des amitiés avec d'autres artistes en herbe, dont le peintre Chaim Soutine. Cette camaraderie artistique a stimulé sa créativité et l'a encouragé à expérimenter de nouvelles techniques et à explorer davantage son style personnel.

Venise : La Magie de la Ville des Canaux

La dernière étape de sa jeunesse artistique l'a conduit à Venise, la ville des canaux et des masques. Là-bas,

Modigliani a découvert un monde artistique différent, influencé par le symbolisme et l'art nouveau. Ses rencontres avec des artistes vénitiens ont élargi son horizon artistique, l'incitant à adopter des techniques plus expressives et des thèmes plus symboliques.

Conclusion

Les rencontres artistiques et amicales de la jeunesse de Modigliani à Livourne, Florence et Venise ont jeté les bases de son voyage artistique extraordinaire. Ces premières influences, qu'il a combinées à sa propre vision créative, ont créé un terreau fertile pour le développement de son style unique. Dans les chapitres suivants, nous explorerons plus en détail ces influences et ces amitiés qui ont marqué ses débuts en tant qu'artiste et ont contribué à façonner son art distinctif.

Chapitre 3 : Paris et Montmartre : Le Centre de la Vie Artistique

Introduction

Au début du XXe siècle, Paris était l'épicentre de l'art moderne, un creuset bouillonnant d'idées et de créativité où artistes, écrivains et intellectuels du monde entier se rassemblaient. C'est dans cette effervescence artistique que Amedeo Modigliani a posé ses bagages, en particulier dans le quartier bohème de Montmartre. Ce chapitre nous transporte dans le Paris de l'époque et nous plonge au cœur de Montmartre, où Modigliani a vécu, travaillé, et trouvé une communauté artistique qui allait façonner sa carrière.

Montmartre : Le Berceau des Bohémiens

Montmartre, perché sur la colline au nord de Paris, était le quartier bohème par excellence. C'était un lieu de rencontres pour les artistes en quête d'inspiration et de liberté créative. Ses rues étroites étaient peuplées d'ateliers d'art, de cafés animés et de cabarets célèbres comme le Moulin Rouge.

C'est dans ce quartier que Modigliani a trouvé sa place. Il a élu domicile au légendaire Bateau-Lavoir, un immeuble qui abritait de nombreux artistes, dont Picasso et Braque. Ces rencontres avec d'autres artistes allaient avoir un impact profond sur son travail.

Les Rencontres Clés : Picasso, Brancusi, Utrillo, et d'Autres

Modigliani a rapidement intégré le cercle d'artistes de Montmartre. Parmi ses rencontres les plus marquantes, on trouve Pablo Picasso, qui était lui-même en train de révolutionner l'art avec le cubisme. Leurs interactions ont stimulé la créativité de Modigliani et l'ont encouragé à explorer de nouvelles directions artistiques.

Constantin Brancusi, sculpteur de renom, était un autre ami proche de Modigliani. Leur amitié a influencé le travail sculptural de l'artiste italien, le poussant à expérimenter des formes et des matériaux innovants.

Montmartre était également le lieu de rencontres avec Maurice Utrillo, un autre artiste talentueux qui était étroitement lié à l'atmosphère artistique du quartier. Leurs échanges ont contribué à nourrir la fascination de Modigliani pour l'art urbain et les scènes de rue.

Conclusion

Montmartre a été le terrain fertile où Modigliani a trouvé sa voie artistique, influencé par des rencontres cruciales avec d'autres artistes. L'énergie créative de ce quartier bohème a renforcé son désir de s'exprimer de manière audacieuse et personnelle. Dans les chapitres à venir, nous plongerons encore plus profondément dans ces rencontres clés et explorerons comment elles ont laissé leur marque indélébile sur l'œuvre de l'artiste.

Chapitre 4 : Les Rencontres Amoureuses

Introduction

Amedeo Modigliani était un homme passionné, aussi célèbre pour son art que pour ses relations amoureuses tumultueuses. Ce chapitre se penche sur les amours de l'artiste, en mettant en lumière sa relation profonde et complexe avec sa muse et compagne, Jeanne Hébuterne. Nous explorerons comment l'amour et la passion ont joué un rôle central dans sa vie personnelle et artistique, façonnant son art de manière profonde et intime.

La Muse Énigmatique : Jeanne Hébuterne

Jeanne Hébuterne était plus qu'une muse pour Modigliani. Elle était le sujet de nombreux de ses portraits les plus célèbres, une source d'inspiration inépuisable, et l'amour de sa vie. Leur histoire d'amour a commencé lorsque Jeanne, une jeune étudiante en art, a croisé le chemin de Modigliani à Montmartre. Elle était jeune, belle, et pleine de vie, un contraste saisissant avec la personnalité tourmentée de l'artiste.

Leur relation était profondément passionnée, mais aussi tumultueuse, marquée par des séparations et des réconciliations fréquentes. Jeanne a été le modèle idéal pour les portraits de Modigliani, capturant son visage allongé et ses traits délicats avec une intensité émotionnelle remarquable.

L'Influence de l'Amour sur son Art

L'amour et la passion ont laissé une empreinte indélébile sur l'art de Modigliani. Ses portraits de Jeanne Hébuterne révèlent une tendresse profonde, mais aussi une certaine mélancolie, peut-être le reflet des tourments personnels de l'artiste. Les œuvres de cette période sont empreintes d'une sensualité captivante et d'une intimité poignante.

Leurs relations tumultueuses ont également influencé son travail. Les périodes de rupture et de réconciliation avec Jeanne se reflètent dans la variabilité de son style artistique, de la douceur à l'audace, de la sérénité à la passion déchaînée.

Conclusion

Les rencontres amoureuses de Modigliani, en particulier sa relation avec Jeanne Hébuterne, ont profondément marqué son art. Leurs vies entrelacées ont été le creuset de l'expression émotionnelle qui imprègne les œuvres de l'artiste. Dans ce chapitre, nous avons plongé dans l'intimité de sa vie personnelle et artistique, révélant comment l'amour et la passion ont façonné son travail de manière profonde et émouvante. Les prochains chapitres exploreront d'autres aspects de sa vie et de ses rencontres qui ont laissé une empreinte tout aussi significative sur son art.

Chapitre 5 : Les Marchands d'Art et les Collectionneurs

Introduction

Amedeo Modigliani, malgré son talent indéniable, a souvent vécu dans la misère et l'obscurité artistique pendant une grande partie de sa vie. Cependant, ce chapitre mettra en lumière les rencontres cruciales de Modigliani avec les marchands d'art et les collectionneurs, qui ont joué un rôle déterminant dans sa carrière et sa reconnaissance en tant qu'artiste.

Les Marchands d'Art : Le Pont vers la Reconnaissance

Lorsque Modigliani est arrivé à Paris, il était un artiste inconnu en quête de reconnaissance. Sa vie précaire à Montmartre était marquée par la pauvreté et les difficultés. Cependant, il a eu la chance de croiser la route de Paul Guillaume, un marchand d'art audacieux qui a rapidement reconnu le talent exceptionnel de Modigliani. Guillaume est devenu son marchand, achetant ses œuvres et les exposant dans sa galerie.

La relation avec Paul Guillaume a été un tournant décisif pour Modigliani. Le marchand a organisé la première exposition solo de l'artiste en 1917, marquant ainsi sa première grande reconnaissance dans le monde de l'art. Guillaume a contribué à stabiliser financièrement l'artiste et à le propulser sur la scène artistique parisienne.

Léopold Zborowski : Un Autre Soutien Crucial

Léopold Zborowski, un autre marchand d'art et collectionneur, a également joué un rôle majeur dans la vie de Modigliani. Zborowski a non seulement acheté des œuvres de l'artiste, mais il a également fourni un soutien financier essentiel pendant les périodes difficiles. Sa relation avec Modigliani a contribué à maintenir l'artiste productif et à garantir sa reconnaissance.

Impact sur la Carrière et la Reconnaissance de Modigliani

Les rencontres avec Paul Guillaume, Léopold Zborowski, et d'autres marchands d'art ont transformé la trajectoire de Modigliani. Grâce à leur soutien financier, leur promotion de son travail, et leurs réseaux influents, l'artiste a acquis une visibilité considérable sur la scène artistique parisienne. Ses expositions individuelles ont attiré l'attention des critiques d'art et des collectionneurs, lançant ainsi sa carrière vers de nouveaux sommets.

Ces marchands et collectionneurs ont contribué à créer la légende de Modigliani en tant qu'artiste majeur du XXe siècle. Leur rôle dans la carrière et la reconnaissance de l'artiste est un témoignage de la puissance des rencontres et des relations dans le monde de l'art.

Conclusion

Les marchands d'art et les collectionneurs tels que Paul Guillaume et Léopold Zborowski ont été des figures essentielles dans la vie d'Amedeo Modigliani. Leurs rencontres avec l'artiste ont transformé sa carrière, lui procurant la reconnaissance tant méritée et contribuant à son statut emblématique dans le monde de l'art moderne. Ce chapitre illustre l'importance des relations dans la trajectoire artistique d'un génie créatif.

Chapitre 6 : L'Art Tribal et la Sculpture

Introduction

La créativité d'Amedeo Modigliani ne connaissait pas de limites, et son exploration artistique l'a conduit vers des horizons inattendus. Ce chapitre se plonge dans la fascination de Modigliani pour l'art tribal et son amitié avec des collectionneurs d'art ethnique. Nous explorerons comment cette fascination a influencé son travail sculptural, créant un lien profond entre l'art moderne et les formes artistiques traditionnelles du monde.

L'Art Tribal : Une Source d'Inspiration Inattendue

Lors de ses pérégrinations à Paris, Modigliani a été exposé à une multitude d'influences artistiques. Cependant, son intérêt pour l'art tribal, principalement africain et océanien, était particulièrement marqué. Il était fasciné par la simplicité des formes, les lignes épurées, et les représentations symboliques de ces œuvres ethniques.

Modigliani a fréquenté des collectionneurs d'art tribal, notamment le marchand d'art Paul Guillaume, qui possédait une collection exceptionnelle d'art africain.

Ces rencontres l'ont encouragé à explorer davantage l'art tribal, une fascination qui allait se refléter dans son travail ultérieur.

L'Influence de l'Art Tribal sur ses Sculptures

L'art tribal a exercé une influence profonde sur les sculptures uniques de Modigliani. Ses sculptures en pierre et en bois présentent des similitudes frappantes avec les masques et les statues africains. Les visages allongés et les formes stylisées que l'on retrouve dans les sculptures de Modigliani semblent emprunter à l'esthétique de l'art tribal.

Sa recherche de la simplicité et de l'essentiel dans l'art tribal s'est manifestée dans ses sculptures, où il cherchait à capturer l'essence de la forme humaine avec une économie de moyens, tout en préservant une puissante expressivité.

Conclusion

La fascination de Modigliani pour l'art tribal a été un élément clé de son travail sculptural unique. Cette rencontre avec des formes artistiques traditionnelles a ouvert de nouvelles perspectives dans son exploration artistique, lui permettant de créer des sculptures qui transcendent les frontières entre l'art moderne et les traditions ancestrales. Dans ce chapitre, nous avons exploré comment l'art tribal a imprégné son œuvre sculpturale, ajoutant une dimension fascinante à sa carrière artistique déjà riche.

Chapitre 7 : Les Dernières Rencontres et l'Héritage

Introduction

À la fin de sa vie tragiquement courte, Amedeo Modigliani avait déjà laissé une empreinte indélébile sur le monde de l'art moderne. Ce chapitre se penche sur les rencontres de la fin de la vie de Modigliani, y compris ses interactions avec des amis artistes et des personnalités de la scène artistique parisienne. Nous réfléchirons également sur l'importance de ces rencontres dans sa vie et dans son héritage artistique, qui continue d'influencer l'art moderne à ce jour.

Les Rencontres de la Fin de Vie

À la fin de sa vie, Modigliani continuait de fréquenter des artistes et des amis qui partageaient sa passion pour l'art. Parmi ses amis proches figuraient des artistes tels que Chaim Soutine, un peintre expressionniste, et Tsuguharu Foujita, un artiste japonais vivant à Paris. Ces amitiés ont été une source de soutien émotionnel et créatif pour Modigliani, même dans les moments difficiles de sa santé déclinante.

Il entretenait également des relations avec des personnalités de la scène artistique parisienne, notamment des poètes, des écrivains et des critiques d'art. Ces interactions ont permis à Modigliani de rester connecté à l'effervescence intellectuelle de l'époque.

Impact Durable : Les Rencontres et l'Héritage de Modigliani

Les rencontres de la fin de la vie de Modigliani ont laissé un héritage durable. Les amitiés avec d'autres artistes ont renforcé son engagement envers son travail et ont alimenté sa créativité jusqu'à la fin. Les interactions avec des figures de la scène artistique parisienne ont également contribué à sa reconnaissance et à sa légitimité en tant qu'artiste majeur.

L'importance des rencontres dans la vie et l'œuvre de Modigliani transcende sa propre existence. Son style unique, influencé par ses amitiés artistiques et sa fascination pour l'art tribal, a laissé une empreinte indélébile sur l'art moderne. Les visages allongés et les formes stylisées de Modigliani continuent d'inspirer les artistes contemporains et de captiver les amateurs d'art du monde entier.

Conclusion

Les rencontres de la fin de la vie d'Amedeo Modigliani ont été les dernières notes d'une symphonie artistique extraordinaire. Ce chapitre a souligné l'importance des interactions humaines dans la vie et l'œuvre de l'artiste, montrant comment les rencontres ont façonné sa trajectoire artistique et contribué à son statut légendaire. L'héritage de Modigliani se perpétue à travers ses œuvres intemporelles et l'impact durable de ses rencontres dans le monde de l'art moderne.

Conclusion

À travers les pages de ce livre, nous avons exploré la vie et l'œuvre d'Amedeo Modigliani à travers le prisme des rencontres qui ont marqué son parcours artistique extraordinaire. Des rues ensoleillées de Livourne aux ateliers bohèmes de Montmartre, des amitiés artistiques aux amours passionnées, des marchands d'art aux collectionneurs, et de l'art tribal à la scène artistique parisienne, chaque rencontre a laissé une empreinte indélébile sur l'artiste et son art.

Modigliani, un homme à la fois tourmenté et passionné, a trouvé l'inspiration dans les personnes qui ont croisé sa route. Ses amitiés avec des artistes tels que Picasso et Brancusi ont élargi ses horizons artistiques, tandis que ses relations amoureuses, en particulier avec Jeanne Hébuterne, ont insufflé une intensité émotionnelle à son travail. Les marchands d'art et les collectionneurs ont transformé sa carrière et lui ont assuré la reconnaissance qu'il méritait.

Son exploration de l'art tribal a ajouté une dimension fascinante à son héritage artistique, montrant comment des formes artistiques traditionnelles peuvent fusionner avec le moderne pour créer quelque chose de tout à fait unique.

Enfin, les rencontres de la fin de sa vie ont renforcé son engagement envers son art et ont laissé une empreinte durable sur l'art moderne. L'importance des interactions humaines dans sa vie et son travail transcende son époque, continuant d'inspirer et de captiver les amateurs d'art du monde entier.

Ainsi, Modigliani nous rappelle que l'art est un miroir de l'âme, façonné par les rencontres et les relations qui marquent nos vies. Chaque tableau, chaque sculpture, chaque ligne tracée est imprégnée de l'essence même de l'artiste et des personnes qui ont croisé son chemin. En explorant ces rencontres, nous découvrons non seulement l'artiste, mais aussi l'humanité profonde qui se cache derrière chaque chef-d'œuvre. C'est là la véritable magie de l'art, qui transcende le temps et l'espace pour nous connecter à l'âme créative qui perdure à travers les générations.

Annexe 1 : Chronologie de la Vie et de l'Œuvre d'Amedeo Modigliani

Cette chronologie retrace les moments clés de la vie et de la carrière d'Amedeo Modigliani, ainsi que les principales œuvres qui ont marqué son parcours artistique.

- **1884** : Naissance d'Amedeo Modigliani à Livourne, en Italie.
- **1902-1903** : Débuts artistiques à Livourne, où il commence à s'intéresser sérieusement à la peinture.
- **1906** : S'installe à Paris, à Montmartre, le quartier bohème de l'époque.
- **1907** : Rencontre avec le sculpteur Constantin Brancusi, qui devient un ami proche et une influence artistique majeure.
- **1917** : Paul Guillaume organise la première exposition solo de Modigliani, marquant son entrée sur la scène artistique parisienne.
- **1919** : Décès tragique de Jeanne Hébuterne, sa compagne et muse, peu après la naissance de leur fille.
- **1920** : Amedeo Modigliani décède à l'âge de 35 ans, des suites de la tuberculose, à Paris.

- **1921** : Exposition posthume majeure à la Galerie Berthe Weill, qui consolide sa réputation d'artiste majeur.
- **1930s-1940s** : L'influence de Modigliani sur l'art moderne continue de croître, notamment grâce à des expositions rétrospectives et à des publications sur son travail.
- **Années 1950-1960** : La cote de Modigliani ne cesse d'augmenter sur le marché de l'art, ses œuvres atteignant des prix record lors de ventes aux enchères.
- **Années 2000 à nos jours** : L'héritage artistique de Modigliani perdure, et son travail continue d'inspirer de nombreux artistes contemporains.

Annexe 2 : Les Lieux de Rencontres de Modigliani à Montmartre

Montmartre, le quartier bohème de Paris au début du XXe siècle, était un lieu d'effervescence artistique où Amedeo Modigliani a noué des amitiés et fait des rencontres artistiques majeures. Voici quelques-uns des lieux emblématiques de Montmartre qui ont été le théâtre de ses rencontres artistiques :

1. **Le Bateau-Lavoir** : Cet immeuble d'ateliers situé au 13 rue Ravignan était le lieu de résidence de nombreux artistes, dont Picasso et Braque. Modigliani a élu domicile dans cet endroit mythique de Montmartre, où il a côtoyé d'autres artistes et s'est nourri de l'énergie créative de ce lieu.

2. **Le Café de la Rotonde** : Situé au carrefour des rues Vavin et Delambre, le Café de la Rotonde était l'un des cafés préférés de Modigliani. C'était un lieu de rendez-vous pour les artistes, les écrivains et les intellectuels de l'époque. Modigliani y a souvent retrouvé ses amis pour discuter d'art et de créativité.

3. **Le Café de la Closerie des Lilas** : Ce café historique était un autre lieu de rassemblement

important pour les artistes de Montmartre. Modigliani s'y est rendu régulièrement pour rencontrer des écrivains tels que Guillaume Apollinaire et des artistes comme Soutine, élargissant ainsi son cercle d'amis et de collaborateurs artistiques.

4. **L'atelier de Modigliani** : L'atelier de Modigliani, situé au 7 rue du Delta, était un lieu de création et de rencontres. C'est là qu'il a travaillé sur de nombreuses œuvres emblématiques et a reçu des visiteurs tels que Jean Cocteau et Diego Rivera, qui sont devenus ses amis.

5. **La Place du Tertre** : Cette place emblématique de Montmartre était un lieu de rencontre pour de nombreux artistes, où l'on pouvait trouver des peintres travaillant en plein air et exposant leurs œuvres. Modigliani s'y est rendu pour observer d'autres artistes et trouver l'inspiration dans l'atmosphère créative de Montmartre.

Ces lieux emblématiques de Montmartre ont été le terreau fertile où Modigliani a trouvé l'inspiration, a fait des rencontres artistiques clés et a contribué à façonner son parcours artistique extraordinaire. Chacun de ces endroits témoigne de l'effervescence artistique de l'époque et de l'importance des rencontres dans la vie de l'artiste.